juillet 1768.
877

LES FOLIES DE CARDENIO,

Piece Heroï-Comique :

DEUXIÉME BALLET DANSÉ PAR LE ROY,

Dans son Château des Tuilleries,

Au mois de Decembre 1720.

DE L'IMPRIMERIE
De JEAN-BAPTISTE-CHRISTOPHE BALLARD,
Seul Imprimeur du Roy pour la Musique.

M. DCC XX.
Par exprès Commandement de Sa Majesté.

LA PIECE est de Mr. Coypel le fils.

LA MUSIQUE de Mr. de Lalande, Sur-Intendant de la Musique du Roy, &c.

LE BALLET de Mr. Balon, Maître de Danse de Sa Majesté, & Compositeur des Ballets.

ACTEURS
DE LA COMEDIE.

UCINDE, Melle. Duclos.
DOROTHE'E, Melle. Desmarres.
CARDENIO, Le Sr. Baron.
DOM FERNAND, Le Sr. Poisson, fils.
DOM DIEGUE, Le Sr. Legrand, pere.
DOM QUICHOT, Le Sr. Lavoy.
SANCHO, Le Sr. De la Thorilliere.
THERESE, Melle. Gautier.
IGNE'S, Melle. Quinault.
MARCELLE, Le Sr. Quinault, le jeune.
LOPE'S, Domest. de D. Diegue. Le Sr. Defontenay.
PREMIER PAGE, Le Sr. Legrand, fils.
SECOND PAGE, Le Sr. Duclos.
L'AMOUR, Le petit Dangeville.
L'HYMEN, M. Legrand.
UN MATELOT, Le Sr. Duchemin.

La Scene est dans l'Andalousie.

A ij

ACTEURS
DU PROLOGUE.

INERVE,   M.elle Antier.

LA RAISON,   M.elle Bury.

LE CHAGRIN, sous la figure
DE LA RAISON,   Le Sr. Muraire.

LE PLAISIR,   Le Sr. Boutelou.

DIVERTISSEMENT
du Prologue.

PREMIERE ENTRE'E.
PLAISIRS.

Les Srs. Dumoulin-4e.	Melles. Prevôt.
Laval.	Guyot.
Marcel.	Menés.
Blondy.	Dupré.

Suite du Divertissement du Prologue.

DEUXIÉME ENTRÉE.

SEIGNEURS GAULOIS.

LE ROY.

Monsieur le Duc DE CHARTRES.   M^r. de Beson.
M^r. le Marquis de Villeroy.   M^r. de Croissy.
M^r. de Coigny.   M^r. de Renel.
M^r. de Mirepoix.   M^r. de Langeron.
M^r. de Coffé.   M^r. de Tonnerre.
M^r. de Francine.   M^r. Balon fils.

SUITE DE CETTE ENTRÉE.

M^r. le Duc de la Tremoille.   M^r. le Ch. de Maulevrier.
M^r. le Duc de Boufflers.   M^r. de Gondrin.
M^r. de Crussol.   M^r. de Saint Florentin.
M^r. de Ligny.   M^r. de Rupermonde.
M^r. de Brancas.   M^r. de Lasuse.

PROLOGUE.

SCENE PREMIERE.

Le Theâtre répréfente le Palais du ROY.

LE CHAGRIN, fous la figure de la Raifon.

LE CHAGRIN, Le Sr. Muraire.

E l'auftere Raifon,
Le Chagrin en ce jour prend les traits & le nom;

C'eft trop fouffrir icy l'Ennemy qui m'offenfe,
Plaifir, je vais bien-tôt renverfer ta puiffance;
Et ces Jeux & ces Ris qui bleffent trop mes yeux,
Vont pour jamais quitter ces lieux:

PROLOGUE.

Mais! quelle est mon erreur extrême!
    La Raison même
    Dans cette Cour
    Fait son séjour!
Il n'importe, avec Elle on me verra paroître,
    Et l'on aura peine à connoître,
    En nous voyant les mêmes traits,
    Qui des deux est la veritable ;

    Mais pourrai-je jamais
    A la Raison être semblable ?
De mon front soucieux effacerai-je bien
Ces rides qui jamais n'altererent le sien ?

SCENE DEUXIÉME.

LE PLAISIR, LE CHAGRIN, LES JEUX de la suite du PLAISIR, qui entrent en dansant.

LE PLAISIR, Le S^r. Boutelou.

*Cy la Jeunesse*
Rassemble sans cesse
Les Jeux & les Ris ;

Et c'est la Sagesse
Qui, de ces lieux cheris,
Chasse la Tristesse.   On danse.

LE CHAGRIN.

Fui de ces lieux, Plaisir trop séducteur ;
Viens-tu dans cette Cour, pour attaquer le cœur

Du

PROLOGUE.

Du JEUNE ROY qui de la France
 Fait l'unique espérance ?
Porte ailleurs ton fatal poison,
Fui d'un séjour qu'habite la Raison.

LE PLAISIR.

Je ne suis pas, Raison sévere,
Ce Plaisir rebelle à vos loix,
Dont les transports ont tant de fois
Causé vôtre juste colere ;

Je suis ce Plaisir innocent,
 Dont le Monde naissant
Goûtoit si bien les charmes ;
Bannissez d'injustes allarmes ;
Et pour combler mes vœux,
Daignez regler mes Jeux.

PROLOGUE.

SCENE TROISIÉME.

LA RAISON, LE CHAGRIN, LE PLAISIR.

LA RAISON, Melle. Bury.

Uy je les regleray..... Mais que vois-je
paroître !

LE PLAISIR.

Ciel ! deux Raisons ! Et comment reconnoître
Celle qu'il faut croire en ce jour ?
Qui des deux regne en cette Cour ?

LA RAISON & LE CHAGRIN, ensemble.

LA RAIS. *Chagrin,*
LE CHAG. *Erreur,* que pretend-tu sous la fausse apparence
D'une si belle ressemblance ?

PROLOGUE.

LA RAIS. { *Vien-tu par tes noires fureurs,*
LE CHAG. { *Vien-tu par tes conseils trompeurs,*
LA RAIS. { *Effrayer ces timides cœurs ?*
LE CHAG. { *Me chasser de ces jeunes cœurs ?*

LE CHAGRIN.

Non, de l'Erreur fatale,
Je dois triompher en ce jour:

Volez, Fureur, de ce séjour,
Chassez ma funeste Rivale.

LA RAISON.

Non; ce n'est que par la douceur
 Que je chasse l'Erreur;
Imite mieux le noble caractere
 De la Raison:
C'est trop peu d'emprunter & mes traits & mon nom,
 Banni cette indigne colere:
 Non, ce n'est que par la douceur
  Que je chasse l'Erreur.

PROLOGUE.

SCENE QUATRIÉME.
MINERVE, LA RAISON, LE CHAGRIN, LE PLAISIR.

LA RAISON, à MINERVE.

ILLE de Jupiter, ô divine Sagesse,
Toy qui conduis avec tant de tendresse
LE JEUNE ROY,
Qui déja suit ta Loy;
C'est en toy que je mets mon unique esperance;
Qui peut nous juger mieux que toy?
A l'une de nous deux donne la préference;
Deux Raisons s'offrent à tes yeux,
Chasse la fausse de ces lieux.

PROLOGUE.
LE CHAGRIN.

Sageſſe, approuves-tu la Fête,
Que dans cette Cour on apprête:
Eſt-ce donc dans le ſein du Plaiſir trop flatteur,
Que peut s'élever un grand cœur?

MINERVE, Melle. Antier.

Oüy, ſouvent le Plaiſir amy de la Jeuneſſe,
Sert aux deſſeins de la Sageſſe;
Je veux aujourd'huy par ſa voix,
Apprendre au ROY, *que j'éleve & qui m'aime,*
Juſques où peut aller l'égarement extrême
Des foibles cœurs qu'Amour aſſervit à ſes loix;
Mais toy, ſombre Chagrin, que j'ay ſçû reconnoître,
A mes yeux oſes-tu paroître?
La Sageſſe jamais ne voulut t'écouter.
Vous n'avez rien icy, Raiſon, à redouter:
Sur ce triſte Ennemy, remportez la victoire,
Vôtre triomphe fait ma gloire.
Vous, revenez Plaiſir, & chaſſez de ces lieux,
Le Chagrin odieux.

Le Plaiſir & ſa ſuite formét des danſes, & chaſſét le Chagrin.

PROLOGUE.
MINERVE.

Venez, Astre naissant, *nôtre espoir le plus doux,*
Annoblissez les Jeux qu'on prepare pour Vous.

Le fond du Theâtre s'ouvre, & l'on voit Le Roy sur un Trône galant, environné de sa Cour.

CHOEUR DES JEUX.

Ah! quel éclat frappe nos yeux!
Quel spectacle embellit ces lieux!
Peuples, applaudissez à vôtre auguste Maître,
Il enchaîne les cœurs, dès qu'on le voit paroître.

Le Roy danse avec toute sa Cour.

MINERVE.

Je forme un Heros *pour la France,*
Qui doit combler son esperance.

Chantez, que vos Concerts s'élevent jusqu'aux Cieux,
Célébrez dès ce jour son destin glorieux:
J'ay déja fait graver par les mains de la Gloire,
Les noms de ses Ayeux au Temple de Memoire;
Recevez pour garants de son illustre sort,
Mes soins & le Sang dont il sort.

On repete les deux premiers Vers. *Chantez,* & l'on danse.

PROLOGUE.

MINERVE, au ROY.

Puissiez-vous JEUNE PRINCE, *en maintenant la paix,*
Faire regner icy les Plaisirs à jamais.

Non, ce n'est pas toûjours la sanglante Victoire,
    Qui conduit les Rois à la Gloire.

Les Danses continüent.

MINERVE.

Il est beau d'être au rang des plus fameux Vainqueurs;
Mais puissiez-vous toûjours en regnant sur les cœurs,
Forcer vos fiers Voisins, sans le secours des armes,
A porter loin de Vous, la Guerre & ses alarmes!

CHOEURS.

Puissiez-vous, JEUNE PRINCE, *en maintenant la paix,*
Faire regner icy les Plaisirs à jamais.
Non, ce n'est pas toûjours la sanglante Victoire,
    Qui conduit les Rois à la Gloire.

Les PLAISIRs *dansent sur ce Chœur.*

FIN DU PROLOGUE.

PERSONNAGES DU BAL,
PREMIERE ENTRÉE.

Cette Entrée est composée de quatre Quadrilles:

 A premiere,   d'ESPAGNOLS.
La deuxiéme,   de MAURES.
La troisiéme,   d'INDIENS.
La quatriéme,   de CHINOIS.

Le Bal finit par une Entrée de Combattants.

LE BAL.

LE BAL,
PREMIERE ENTRÉE.

Le Theâtre répréfente une Salle ornée pour le Bal.

Quadrille d'ESPAGNOLS.

Mr. de Coigny.	Melles. Leroy.
Mr. de Mirepoix.	Lemaire.
Mr. de Villars.	Duval.
Mr. de Lorges.	Mangot.

Quadrille de MAURES.

Mr. le P. de Turenne.	Melles. Delifle.
Mr. de Befons.	Corail.
Mr. de Chambona.	Labatte.
Mr. de Maulevrier.	Laferriere.

C

LES FOLIES DE CARDENIO,

Quadrille d'INDIENS.

Mr. le Grand Prieur.	Melles. Guyot.
Mr. le Marquis de Villeroy.	Menés.
Mr. le Duc de Montmorency.	Prevôt.
Mr. le Marquis d'Alincourt.	Dupré.

Quadrille de CHINOIS.

Mr. Balon.

Les Srs. Blondy, & Marcel.

Les Srs. Ferrand, Dupré, Dumirail & Mion.

LA PAGODE.

Le Sr. Dumoulin-2e.

PETITES PAGODES.

Paris, Boiseau, Lamotte & Alin.

COMBATTANTS

Qui amusent CARDENIO, pendant que DOM FERNAND enleve LUCINDE.

COMBATTANTS.

Es Srs. Laval,   Malterre l'aîné.
    Malterre cadet, Duval.
    Deshayes,   Marcel cadet.
    Javillier,   Pierret.

FIN DE LA PREMIERE ENTRE'E.

PERSONNAGES CHANTANTS,
DE LA FESTE PASTORALE,
DEUXIEME ENTRE'E.

ROIS BERGERS,
    Les Srs Boutelou, Muraire, & Mouret.

DEUX BERGERES,   M^{elles} Bury & Antier.

CHOEUR DE BERGERS, & de BERGERES.

PERSONNAGES DANSANTS.
BERGERS ET BERGERES.

Bergers.	*Bergeres.*
Les Srs Dumoulin-4e.	M^{elles} Prevôt.
Laval.	Guyot.
Marcel l'aîné.	Menés.
Dumirail.	Dupré.
Dangeville.	Delisle.
Pecourt.	Corail.
Dumoulin-2e.	Laferiere.
Dumoulin-3e.	Labatte.

FESTE PASTORALE,
DEUXIÉME ENTRÉE.

Le Theâtre représente un Bois, & dans le fond l'on apperçoit la Mer & des Cabannes de Bergers.

CHOEUR DE BERGERS.

Celebrons le bonheur de ces tendres amants:
Que ce Bocage retentisse,
De nos concerts les plus charmants;
Et qu'à nos voix l'Echo s'unisse.

On danse.

UN BERGER, Mr. Boutelou.

A nos douces chansons,
Tendres Bergers, mêlez les sons
De vos gracieuses musettes;

L'Amour dans ces belles retraites,
Aujourd'huy rassemble sa Cour:
Celebrons les douceurs parfaites,
Que nous annonce un si beau jour.

On repete les trois premiers Vers.

On danse.

LES FOLIES DE CARDENIO,
UNE BERGERE ET UN BERGER,
Melle. Antier & le Sr. Mouret.
ENSEMBLE.
Sans soins, sans envie,
Nous passons la vie;
Innocente Paix,
Durez à jamais.
LA BERGERE.
Contrainte importune,
Fuyez de ces bois;
Servez la fortune,
A la Cour des Rois:
LE BERGER.
Superbe Richesse,
Que suit le soucy,
Laissez l'allegresse
Regner seule icy;
ENSEMBLE.
Que les seules armes
Du charmant Amour,
Causent des alarmes
Dans ce beau séjour.
Ils repetent de suite les quatre premiers Vers.

DEUXIE'ME ENTRE'E.

Aprés le Duo, on danse.

UNE BERGERE,
Melle. Bury.

La brillante Aurore,

A versé sur Flore

Ses dons precieux ;

Zephire en ces lieux,

La voyant si belle,

Voltige autour d'elle ;

Et l'empressement

De ce jeune amant,

Rend sa tendre amante

Encor plus charmante.

ON DANSE.

Cette Fête est interrompuë par des Bergers qui amenent CARDENIO qu'ils ont trouvé sur le bord du Rivage dans un accès de folie, ils l'engagent à se reposer sur un gason ; & pour le calmer, une Bergere & deux Bergers chantent autour de luy les Paroles suivantes.

LES FOLIES DE CARDENIO,

UNE BERGERE ET DEUX BERGERS,
Melle. Bury, les Srs. Muraire, & Mouret.

ENSEMBLE.
O Sommeil, vien verser tes pavots secourables;
Calme les sens troublez, des amants miserables.

LA BERGERE.
Et vous Songes flatteurs,
Par de feintes douceurs,
Faites-leur oublier des maux trop veritables.

ENSEMBLE.
O Sommeil, vien verser tes pavots secourables;
Calme les sens troublez des amants miserables.

LE PREMIER BERGER.
N'interromp point les doux plaisirs
Des Mortels dont l'Amour veut combler les desirs.

ENSEMBLE.
O Sommeil, vien verser tes pavots secourables;
Calme les sens troublez des amants miserables.

CARDENIO.

DEUXIÉME ENTRÉE.

CARDENIO, dans ses rêveries, s'imagine revoir LUCINDE, & invite les Bergers à celebrer son retour.

UNE BERGERE, Melle. Antier.

à CARDENIO.

La Beauté qui vous charme est dans ce beau séjour,
Voyez devant ses pas voler le tendre Amour;
Pour vous la rendre encor plus belle,
Ce Dieu quelques moments vous a separé d'elle.

Pour faire mieux goûter le prix de ses bienfaits,
Il nous fait éprouver les plus vives alarmes;
Nous ressentirions moins ses charmes,
S'il combloit trop-tôt nos souhaits:
Fidel Amant, ne versez plus de larmes:
La Beauté, &c.

Plusieurs Bergeres dansent au son des Flûtes, & de temps en temps entourent le lit de gazon sur lequel repose CARDENIO.

FIN DE LA DEUXIÉME ENTRÉE.

PERSONNAGES CHANTANTS,
DE L'UNION DE L'HYMEN ET DE L'AMOUR,

TROISIÉME ENTRÉE.

UNE BERGERE,   Melle. Lisarde.
DEUX BERGERS, Les S^{rs}. Mouret, & Muraire.
CHOEUR DE BERGERS.
L'HYMEN.   M. Legrand.
L'AMOUR.   Le S^r. Dangeville.
Une Compagne de LUCINDE. Melle. Hermance.

PERSONNAGES DANSANTS.

LES BERGERS ET LES BERGERES
de la seconde Entrée, rentrent sur le Theâtre.

L'HYMEN & L'AMOUR y recitent un Dialogue.
LE ROY,
avec toute sa Cour, forme une nouvelle Fête.

L'UNION DE L'HYMEN ET DE L'AMOUR,
TROISIE'ME ENTRE'E.

DIALOGUE DE BERGERS.
DEUX BERGERS, Les Srs. Mouret & Muraire.
ENSEMBLE.

A Ces tendres amants, Hymen, ſoy favorable;
Vien les unir d'une chaîne durable.
LE CHOEUR.
A ces tendres amants, &c.
LES DEUX BERGERS.
En leur faveur en ce beau jour,
Uny-toy pour jamais avec le tendre Amour.
LE CHOEUR.
A ces tendres amants, &c.
LES DEUX BERGERS.
Ah ! que tes nœuds leur paroîtront charmants,
Si devenus Epoux, ils ſont toûjours amants !
LE CHOEUR.
A ces tendres amants, &c.

UN BERGER, Le S^r. Mouret.

L'Hymen veut combler vos defirs,
Et couronner vôtre tendreſſe ;

Il vous promet mille plaiſirs,
Daigne l'Amour acquitter ſa promeſſe !

L'AMOUR & L'HYMEN paroiſſent,
& recitent le Dialogue ſuivant.

L'AMOUR. *M. Legrand.*

Oüy je l'acquitteray ; je veux qu'en ce beau jour,
Le flambeau de l'Hymen brûle des feux d'Amour.
à L'HYMEN.
    Jurons une paix éternelle :
    Que nôtre union ſera belle !

L'HYMEN. *Le S^r. Dangeville.*
O mon Frere, pour cette fois,
    Puis-je compter ſur ta promeſſe ?

L'AMOUR.

Oüy, oüy mon Frere, dans les bois,
    J'agis ſans art & ſans fineſſe.

L'HYMEN.

Je ſuis fait pour te croire, & toy pour me trahir.

L'AMOUR.

Tu me donnes ſouvent ſujet de te haïr :

TROISIÉME ENTRÉE.

  Est-il étrange
  Que je me venge?
Quand pour former tes nœuds, on te voit chaque jour
Preferer hautement la Fortune à l'Amour?
  Lorsqu'à la brillante jeunesse,
  Tu joins la fâcheuse vieillesse,
  Hymen, que diroit-on de moy,
  Si j'étois d'accord avec toy?

L'HYMEN.

Jamais à mes Autels je n'écoute personne,
  Que l'on ne vienne de ta part.

L'AMOUR.

  Pour ne plus agir au hazard,
  Suy le conseil que je te donne :

Lorsque tu verras des Mortels
Sans avoir l'art de plaire,
Oser s'offrir à tes Autels,
Hymen, soy sûr qu'Amour n'a point part à l'affaire,
  C'est le moyen de bannir tes erreurs,
  Et d'assurer ta gloire :

Me croiras-tu, mon Frere?

L'HYMEN.

    Et comment ne pas croire
Celuy qui dispose des cœurs!

LES FOLIES DE CARDENIO,
CHOEUR.

Amour, quelle langueur, quel trouble plein d'attraits,
Verses-tu dans ces cœurs fideles!
Que tes coups sont charmants! non, la plus douce paix
Ne vaut pas les transports des amours mutuelles!

NOUVELLE FESTE.

LE ROY danse en Amour.

AMOURS de la suite du ROY.

Mʳ. le Duc de la Tremoille.	Mʳ. le Ch. de Maulevrier.
Mʳ. le Duc de Bouflers.	Mʳ. de Gondrin.
Mʳ. de Crussol.	Mʳ. de Saint Florentin.
Mʳ. de Ligny.	Mʳ. de Rupermonde.
Mʳ. de Brancas.	Mʳ. de Lasuse.

Monsieur le Duc DE CHARTRES represente l'HYMEN.

Suite de l'HYMEN.

Mʳ. le Grand Prieur.	Mʳ. le Duc de Montmorécy.
Mʳ. de Langeron.	Mʳ. de Mirepoix.
Mʳ. de Lorges.	Mʳ. de Villars.
Mʳ. de Coigny.	Mʳ. d'Alincourt.
Mʳ. le P. de Turenne.	Mʳ. le Marq. de Villeroy.
Mʳ. de Besons.	Mʳ. de Croissy.

TROISIE'ME ENTRE'E.

UNE BERGERE, Melle. Lisarde,
AU ROY.

Ah ! que cet AMOUR *a de charmes !*
Tout doit ceder à ses attraits vainqueurs :
Les Graces & les Ris sont ses plus fortes armes !
Qu'il regne à jamais sur les cœurs.

Quelle rigueur extrême,
Le devoir ne veut pas qu'on se laisse charmer !
Si tous les Amours sont de même,
Helas ! peut-on se défendre d'aimer ?

Ah ! que cet AMOUR *a de charmes !*
Tout doit ceder à ses attraits vainqueurs :
Les Graces & les Ris sont ses plus fortes armes !
Qu'il regne à jamais sur les cœurs.

L'HYMEN & sa suite.

Des Matelots échapez du nauffrage, viennent se joindre aux Bergers, ce qui finit le Divertissement.

ENTRÉE DES MATELOTS.

Mr. de Tonnerre. Melles. Lemaire.
Mr. d'Hostager.   Leroy.
Mr. de Francine. Duval.
Mr. Balon fils.   Mangot.

Mr. Balon, Melle. Prevôt.

Le Sr. Dumoulin-4e.

Les Srs. Blondy & Dupré.

UNE COMPAGNE DE LUCINDE,
échapée du nauffrage, Melle. Hermance.

Impetueux Tyrans des Ondes,
Fiers Aquilons, Vents furieux,
Laissez regner le calme en ces beaux lieux,
Rentrez dans vos Grottes profondes.

L'Amour par sa presence, embelit ce séjour,
Volez, charmants Zephirs, faites-luy vôtre cour;
Et vous, petits Oyseaux, effrayez par l'orage,
Revenez faire entendre icy vôtre ramage;
Chantez, chantez, celebrez ce beau jour.

Impetueux, &c.

FIN DU BALLET.

www.ingramcontent.com/pod-product-compliance
Lightning Source LLC
Chambersburg PA
CBHW060539050426
42451CB00011B/1784